ストーリーで学ぶ ビジネス中国語

山田留里子
賀南
于梅
長野由季 [共著]

駿河台出版社

装丁・本文デザイン・イラスト　小熊 末央

はじめに

　近年、中国はアメリカと並び、日本最大の貿易相手国となっています。現在、中小企業のみならず、中国に進出する大企業も多く、中国語学習者の習得目的の多様化が見られます。就職活動のために、中国語検定を受けてみたい、キャリアを積むために、中国へ短期留学に行ってみたいなどさまざまな希望を生み出しております。そのような状況の中、中国語の基礎的な知識をマスターしながら、すぐに使えるビジネス中国語を習いたい大学生も少なくありません。

　そのため本テキストは、一年以上学んだ学習者を対象に、全12課で大学の年間30回の授業に対応しております。日本人のビジネスマンの中国滞在期間での様々な出来事を題材に、その現地赴任から契約完成までのストーリーに即したシーンで構成しました。初級で習った文法項目や表現形式を復習しながら、会話によく使うあいづちや言い回しを身につけることができるようにしています。

　各課の構成は、会話文（日本語訳付）、新出単語、文法ポイント、「知っ得」コーナー、練習問題から成り立ち、会話文では、各シーンに沿って実用的な表現を取り入れ、第5課と第10課では、電子メールとビジネスレターの書き方も学習し、総合的に応用ができるよう工夫を試みました。「知っ得」コーナーでは、最近の中国事情や流行語などについても紹介しており、練習問題には、常用表現をアレンジできるよう、入れ替え形式を取り入れました。

　これから中級の学習に入られる皆さんと、本テキストを手にし、まずは身近なテーマから実際に会話をし、文章を作成することで、簡潔かつ正確に自分の意思を相手に伝えるという目標に向かって、共に一歩一歩学んで行きたいと思います。

　最後に、本書の編集、出版に当たり、姫路獨協大学名誉教授の伊井健一郎先生、並びに駿河台出版社の浅見忠仁氏のご尽力に深く感謝の意を表します。

2016年1月

著者

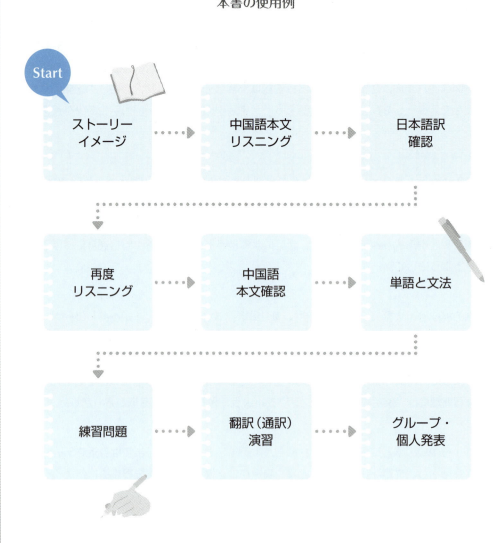

目次

前半 ［社内篇］

第 1 課	初次见面	●赴任のあいさつ		8
	文法ポイント	时间量　怪不得		
第 2 課	电话联络	●電話連絡		14
	文法ポイント	再　还是		
第 3 課	午餐时间	●ランチタイム		20
	文法ポイント	听说　不怎么		
第 4 課	预约面谈	●面談の予約		26
	文法ポイント	V＋一下儿　代/替		
第 5 課	电子邮件	●Eメール		32
	文法ポイント	根据　祝		
第 6 課	出差准备	●出張の準備		38
	文法ポイント	就好　得（様態補語）		

後半 ［社外篇］

第 7 課	机场迎接	●空港出迎え		44
	文法ポイント	特地　就		
第 8 課	接风宴会	●歓迎宴		50
	文法ポイント	让　不…不…		
第 9 課	参观工厂	●工場の視察		56
	文法ポイント	为了　把		
第 10 課	商业信函	●ビジネスレター		62
	文法ポイント	不过　总之		
第 11 課	价格交涉	●価格交渉		68
	文法ポイント	不但…也…　越…越…		
第 12 課	处理投诉	●苦情処理		74
	文法ポイント	会　是否		

≫ Story
ストーリー

日本の商社で中国とのマーケティング業務に五年携わったのち、今年から課長として現地に赴任することに……
中国語は堪能でも初めての中国は驚くことばかり、奮闘する主人公、伊藤雅彦の日常業務と生活を追ってみた……

登場人物紹介

主人公　伊藤　雅彦 (36)
（いとう　まさひこ）
Yīténg Yǎyàn

日本の長京商事から課長として北京の支社に赴任
出身は日本最大の貿易都市の横浜　独身
趣味は中国映画鑑賞、サッカー

李　部长 (42)
（り）
Lǐ bùzhǎng

長京商事北京支社マーケティング部の部長
伊藤の中国人上司

小王 (28)
Xiǎo Wáng

長京商事北京支社マーケティング部の中国人同僚
伊藤の部下
優しい性格　独身
四川料理が好き

张总经理 (60)
Zhāng zǒng jīnglǐ

北京で長年取引がある北京福順公司の社長
温厚な性格
お酒が強い

林夏云 (32)
Lín Xiàyún

北京福順公司マーケティング部のマネージャー
日本語が堪能な北京女性

韩工場長 (55)
Hán gōngchǎngzhǎng

北京福順公司の関連会社である上海東江公司上海
工場の工場長
委託加工業務の担当
家族旅行が好き

第 1 課　初次见面

> **Story** ストーリー
>
> 日本で五年間中国マーケティングの開発を担当していた伊藤さんは今年から中国の北京支社に課長として赴任することになった。今日、得意先の張社長が会社に訪れてきたため、北京支社の上司である李部長は新人の彼を紹介した。

本文　🔊 01

李部长： 张 总， 您 好！ 欢迎欢迎！
Lǐ bùzhǎng: Zhāng zǒng, nín hǎo! Huānyínghuānyíng!

张总： 李 部长， 好久 不见。
Zhāng zǒng: Lǐ bùzhǎng, hǎojiǔ bújiàn.

李部长： 张 总， 我 给 您 介绍 一下儿。 这 是
Zhāng zǒng, wǒ gěi nín jièshào yíxiàr. Zhè shì

我们 公司 新 来 的 科长， 伊藤。
wǒmen gōngsī xīn lái de kēzhǎng, Yīténg.

伊藤： 您 好！ 我 叫 伊藤 雅彦。 初次 见面，
Yīténg: Nín hǎo! Wǒ jiào Yīténg Yǎyàn. Chūcì jiànmiàn,

请 多 关照。
qǐng duō guānzhào.

张总： 你 好！ 认识 你 很 高兴。 你 来 中国
Nǐ hǎo! Rènshi nǐ hěn gāoxìng. Nǐ lái Zhōngguó

多 长 时间 了？
duō cháng shíjiān le?

伊藤： 我 刚 来 一 个 多 月， 不过 在 日本 的
Wǒ gāng lái yí ge duō yuè, búguò zài Rìběn de

时候， 我 做了 五 年 中国 市场 的
shíhou, wǒ zuòle wǔ nián Zhōngguó shìchǎng de

	开发　工作。
	kāifā　gōngzuò.

张总：怪不得　你　中文　说　得　这么　好。
　　　Guàibude　nǐ　Zhōngwén　shuō　de　zhème　hǎo.

伊藤：您　过奖　了。这　是　我　的　名片，今后　还
　　　Nín　guòjiǎng　le. Zhè　shì　wǒ　de　míngpiàn, jīnhòu　hái

　　　请　您　多多　指教。
　　　qǐng　nín　duōduō　zhǐjiào.

日本語訳

李部長： 張社長、こんにちは！ようこそ、ようこそ！
張社長： 李部長、ご無沙汰しております。
李部長： 張社長、ご紹介させていただきます。こちらは弊社に新しく赴任してきた課長の伊藤です。
伊藤： こんにちは。伊藤雅彦と申します。初めまして、どうぞよろしくお願いします。
張社長： こんにちは。お知り合いになれて光栄です。あなたは中国に来てどのぐらいになりますか。
伊藤： まだ来て一ヶ月あまりです。ですが、日本にいた時に、五年間中国マーケティングの開発を担当していました。
張社長： なるほどそれで中国語がお上手なのですね。
伊藤： 過分のお言葉です。これは私の名刺です。今後ともお引き立てのほどよろしくお願いいたします。

Word
単語

 02

初次见面	chūcì jiànmiàn	初めまして	刚	gāng	…したばかり
欢迎	huānyíng	歓迎する	不过	búguò	ただし、しかし
好久不见	hǎojiǔ bújiàn	お久しぶりです	市场	shìchǎng	マーケティング
介绍	jièshào	紹介する	开发	kāifā	開発する、開拓する
一下儿	yíxiàr	ちょっと…する、…してみる	怪不得	guàibude	どうりで…だ
科长	kēzhǎng	課長	这么	zhème	こんなに(も)
请多关照	qǐngduō guānzhào	よろしくお願いします	过奖	guòjiǎng	褒めすぎる
认识	rènshi	知り合う	名片	míngpiàn	名刺
多长	duō cháng	どのぐらい	指教	zhǐjiào	教示する、指導する

文法ポイント

1. 時間量を表す

「何時間」、「何日間」、「何年間」、「一会儿」などの時間量の表現は、動詞の後ろに置く。

(1) 我们休息一会儿吧。

(2) 我哥哥在加拿大大学过一年工商管理。

提示された時間の範囲内で起こる動作、あるいは存在することを表すときは、時間量の表現は動詞の前に置く。

(1) 他一个星期看了三本小说。

2. 怪不得

「どうりで（なるほど）…だ」、「…するのも無理はない」、原因や理由がわかって疑問がとけたことを表す。"难怪"とほぼ同じ。

(1) 原来他在中国住过两年，怪不得中文说得那么好。

(2) 外面在下雪啊，怪不得房间里这么冷。

🌸 中国における肩書き

中国の会社は、国有企業、有限公司（株式会社）、外資企業、個体戸（個人企業）など、様々な形態を有します。異なる企業形態において、日本では同じ職名に当たる役職名もそれぞれ違います。会社の中では、上位のポストにある人を呼ぶときは、敬意を込めて、苗字の後ろに"经理"、"厂长"、"董事"のような役職名をつけて呼び、一般社員も、苗字の後ろに"会计"、"采购"、"秘书"など従事する仕事の職名で呼ぶことが多くみられます。

役職名(中国語)	発音(ピンイン)	役職名(日本語)
董事长	dǒngshìzhǎng	会長
首席执行官	shǒuxí zhíxíngguān	CEO（経営責任者）
总经理	zǒngjīnglǐ	社長
副总经理	fùzǒngjīnglǐ	副社長
营销总监	yíngxiāo zǒngjiān	マーケティング本部長
销售总监	xiāoshòu zǒngjiān	営業本部長
人力资源经理	rénlì zīyuán jīnglǐ	人事部長
客户服务经理	kèhù fúwù jīnglǐ	カスタマーサービス部長
办公室主任	bàngōngshì zhǔrèn	事務長
董事	dǒngshì	役員、取締役
专务董事	zhuānwù dǒngshì	専務

役職名(中国語)	発音(ピンイン)	役職名(日本語)
常务董事	chángwù dǒngshì	常務
总监	zǒngjiān	本部長
经理	jīnglǐ	部長
副经理	fùjīnglǐ	次長
科长	kēzhǎng	課長
组长	zǔzhǎng	係長
秘书	mìshū	秘書
行政管理	xíngzhèng guǎnlǐ	総務
会计	kuàijì	経理
销售	xiāoshòu	営業部員
前台接待	qiántái jiēdài	受付

練習問題

一 次の（　　）中に適当な単語を入れなさい。

1. 初次（　　　），请多（　　　　）。
   （初めまして、どうぞよろしくお願いします。）

2. 认识您我很（　　　　）。
   （お知り合いになれて嬉しいです。）

3. 我昨天（　　　　）来上海。
   （きのう上海に来たばかりです。）

二 下線の部分を入れ替えて読みなさい。

1. 我<u>中文</u>说得不太好。（日语 / 英语 / 德语）

2. 请<u>您</u>多多关照。（王老师 / 总经理 / 李处长）

3. 我在①<u>上海</u>呆了②<u>一个多星期</u>了。

   ①（杭州 / 深圳 / 天津）　②（两三个月 / 半年 / 五天）

三　次の単語を並べて、文を完成しなさい。

1. 您　（过奖　远　差得　呢　还　了）
   （過分のお言葉です。まだまだです。）

2. 他　（公司　业务　贵　的　负责　专门）
   （彼はおもに貴社の業務を担当します。）

3. 我　（给　介绍　来　您　一下儿）
   （ご紹介します。）

四　次の文を中国語に訳しなさい。

1. 私は伊藤雅彦と申します。これは私の名刺です。

2. あなたは大学を卒業してどのぐらいになりますか。

3. 彼は明日出張に行きます。どうりで今日こんなに忙しいわけだ。

第 2 課　电话联络

> **Story** ストーリー　伊藤課長はチョコレートの見積りの件で、北京福順公司の林(リン)さんに電話をかけたが、あいにく林さんは他の電話に出ており、待ったあげく受付に伝言を依頼した。

本文

前台 Qiántái：　早上　好。北京　福顺　公司。
　　　　　　 Zǎoshang hǎo. Běijīng Fúshùn Gōngsī.

伊藤 Yīténg：　你　好。我　是　长京　商事　的　伊藤。
　　　　　　 Nǐ hǎo. Wǒ shì Chángjīng Shāngshì de Yīténg.

　　　　　　 请　接　318　分机　的　林　小姐。
　　　　　　 Qǐng jiē sānyāobā fēnjī de Lín xiǎojiě.

前台：　对不起。能　不　能　再　报　一下儿　您　的　名字？
　　　 Duìbuqǐ. Néng bu néng zài bào yíxiàr nín de míngzi?

伊藤：　我　姓　伊藤，伊拉克　的"伊"，
　　　 Wǒ xìng Yīténg, Yīlākè de "Yī",

　　　 藤椅子　的"藤"。
　　　 téngyǐzi de téng.

前台：　是　伊藤　先生　啊。请　您　稍　等。
　　　 Shì Yīténg xiānsheng a. Qǐng nín shāo děng.

　　　 ……真　对不起，她　在　接　别　的　电话。
　　　 Zhēn duìbuqǐ, tā zài jiē bié de diànhuà.

　　　 您　是　等着，还是　让　她　给　您　回电？
　　　 Nín shì děngzhe, háishi ràng tā gěi nín huídiàn?

伊藤：　那　我　等　一会儿　吧。
　　　 Nà wǒ děng yíhuìr ba.

……

第 2 課

伊藤： 对不起。还是 麻烦 你 替 我 转达
　　　　Duìbuqǐ.　Háishi　máfan　nǐ　tì　wǒ　zhuǎndá

　　　　一下儿 吧。
　　　　yíxiàr　　ba.

前台： 没 问题，请 讲。
　　　　Méi　wèntí,　qǐng　jiǎng.

伊藤： 请 告诉 她 尽快 把 巧克力 的 报价 给我。
　　　　Qǐng　gàosu　tā　jǐnkuài　bǎ　qiǎokèlì　de　bàojià　gěi wǒ.

前台： 有关 巧克力 的 报价，是 吗？明白 了。
　　　　Yǒuguān　qiǎokèlì　de　bàojià,　shì　ma?　Míngbai　le.

　　　　让 您 等了 这么 久，真 对不起。
　　　　Ràng　nín　děngle　zhème　jiǔ,　zhēn　duìbuqǐ.

伊藤： 没 什么。那 就 麻烦 你 了。
　　　　Méi　shénme.　Nà　jiù　máfan　nǐ　le.

前台： 好 的，我 一定 转达。
　　　　Hǎo　de,　wǒ　yídìng　zhuǎndá.

> **日本語訳**

受付： おはようございます。北京福順公司会社でございます。
伊藤： こんにちは。長京商事の伊藤です。内線318番の林さんをお願いします。
受付： 申し訳ございませんが、お名前をもう一度お願いできますか。
伊藤： 苗字は「伊藤」と申します。「伊」は"伊拉克"の「伊」で、「藤」は"藤椅子"の「藤」です。
受付： 伊藤さまですね。少々お待ちください。……申し訳ございませんが、林はただいま他の電話に出ております。そのままお待ちになりますか、それともこちらから折り返しお電話させましょうか。
伊藤： それでは、待たせていただきます。
……
伊藤： すみません。やはり伝言をお願いしたいのですが。
受付： はい、お伺いします。
伊藤： 例のチョコレートの見積りの件を、至急ご連絡くださるよう、お伝えください。
受付： チョコレートの見積りの件ですね。承知しました。大変お待たせして、申し訳ございませんでした。
伊藤： かまいません。お手数をおかけします。
受付： はい、承りました。

Word
単語

分机	fēnjī	内線、切り替え電話
再	zài	もう一度
报	bào	告げる（名前を教える）
伊拉克	Yīlākè	イラク
藤椅子	téngyǐzi	藤（とう）椅子
还是	háishi	（比較や選択をし、よりよいほうを示す）やはり
麻烦	máfan	手数をかける、面倒をかける
替	tì	…に代わる、…の代わりをする
转达	zhuǎndá	伝える、取り次ぐ
告诉	gàosu	知らせる
尽快	jǐnkuài	できるだけ早く
巧克力	qiǎokèlì	チョコレート
报价	bàojià	見積りをする、オファー（する）

文法ポイント

1. **再**

「再び」、「もう一度」、「また」の意で、繰り返しがこれから行われるときに用いる。繰り返しがすでに実現したときは「又」を使う。

(1) 你唱得真好！ 再唱一首吧。
(2) 你再打个电话确认一下。
(3) 他今天上班又迟到了。

2. **还是**

「やはり」の意で、比較してからよりよいほうを選択したり、結論を出したりするときに用いる。

(1) 爸爸今天会很晚回来，我们还是先吃吧。
(2) 这件比那件颜色漂亮，还是买这件吧。
(3) 学习中国文化还是要去中国留学才行。

中国人苗字の漢字の説明法について

中国語は同音異字語が多く、人の苗字に関しても、同じ発音の姓がたくさんあります。例えば、"我姓 zhāng"と言われた場合、"zhāng"と発音する姓は"张"、"章"などがあり煩わしく、このようなときは普通、"我姓张，弓长张"、"我姓章，立早章"というように説明します。

姓	ピンイン	代表的な説明法
曹	Cáo	曹操的曹
陈	Chén	耳东陈
董	Dǒng	草字头的董
杜	Dù	杜甫的杜
胡	Hú	古月胡
李	Lǐ	木子李
林	Lín	双木林
刘	Liú	刘邦的刘

姓	ピンイン	代表的な説明法
鲁	Lǔ	鲁迅的鲁
吕	Lǚ	双口吕
宋	Sòng	宋朝的宋
苏	Sū	江苏的苏
孙	Sūn	孙中山的孙
王	Wáng	三横一竖王
吴	Wú	口天吴
赵	Zhào	赵钱孙李的赵

練習問題

一 次の（　　）中に適当な単語を入れなさい。

1. 下个星期六我们（　　　　）去看电影吧。
   （来週の土曜日一緒に映画を見に行きましょう。）

2. 这会（　　　　）我们的学习有帮助。
   （これは私たちの勉強の役に立つでしょう。）

3. 我（　　　　）学校门口等你。
   （校門の前で待ちます。）

二 下線の部分を入れ替えて読みなさい。

1. 去参加展览会。（开幕式 / 会议 / 体育活动 / 比赛）

2. 请在门口等我。（办公室 / 公园 / 车站出口 / 人事科）

3. 上星期天才来的。（这个月 / 三天前 / 一个星期前 / 刚刚）

三 次の単語を並べて、文を完成しなさい。

1. 安排　我　时间　去　一下
   （時間を調整します。）

   ....

2. 麻烦　他　就　你　那　告诉
   （お手数ですが、彼に伝えてください。）

   ....

3. 这本书　希望　考试　对　帮助　有
   （この本が試験に役立つことを祈ります。）

   ....

四 次の文を中国語に訳しなさい。

1. お尋ねしますが、伊藤課長はいらっしゃいますか。

   ....

2. 部長は来週日本に行きます。

   ....

3. あなたはどのくらいの間行くつもりですか。

   ....

第 3 課　午餐时间

> **Story**
> ストーリー
>
> 北京に赴任以来、最初は食べ物にいろいろと苦労したが、ようやく本場の中華料理に慣れてきた。間もなく昼休みの時間になるので、いつもは電話で弁当の出前を取っているのだが、たまには外食に行こうと伊藤課長が部下の王さんを誘う。

本文

🎵 07

伊藤：　快　 到　 十二　 点　 了。你　 今天　 想　 吃　 点儿
Yīténg:　Kuài　dào　shí'èr　diǎn　le. Nǐ　jīntiān　xiǎng　chī　diǎnr

什么？
shénme?

小王：　总是　 订　 盒饭，真　 有点儿　 吃　 腻　 了。
Xiǎo Wáng:　Zǒngshì　dìng　héfàn, zhēn　yǒudiǎnr　chī　nì　le.

听说　 附近　 新　 开　 了　 一　 家　 四川菜　 的　 饭店。
Tīngshuō　fùjìn　xīn　kāi　le　yì　jiā　Sìchuāncài　de　fàndiàn.

伊藤：　真　 的？我　 特别　 喜欢　 四川菜。不过，
Yīténg:　Zhēn　de?　Wǒ　tèbié　xǐhuan　Sìchuāncài.　Búguò,

我　 还　 不　 怎么　 能　 吃　 辣　 的。
wǒ　hái　bù　zěnme　néng　chī　là　de.

小王：　我　 也　 喜欢　 四川菜。那　 我们　 今天　 就　 去
Xiǎo Wáng:　Wǒ　yě　xǐhuan　Sìchuāncài.　Nà　wǒmen　jīntiān　jiù　qù

那　 家　 饭店　 吃　 午饭　 吧。
nà　jiā　fàndiàn　chī　wǔfàn　ba.

伊藤：　好　 啊。应该　 偶尔　 去　 外边　 吃　 顿　 好　 的。
Yīténg:　Hǎo　a.　Yīnggāi　ǒu'ěr　qù　wàibian　chī　dùn　hǎo　de.

今天 我 请客, 怎么样?
Jīntiān wǒ qǐngkè, zěnmeyàng?

小王: 不行, 不行。那 多 不 好意思。
Bùxíng, bùxíng. Nà duō bù hǎoyìsi.

伊藤: 你 太 客气 了。来 北京 之 后 你 帮了 我
Nǐ tài kèqi le. Lái Běijīng zhī hòu nǐ bāngle wǒ

不少 忙, 今天 就 让 我 表示 一下儿 吧。
bùshǎo máng, jīntiān jiù ràng wǒ biǎoshì yíxiàr ba.

小王: 那 我 就 恭敬 不如 从命 了。让 科长
Nà wǒ jiù gōngjìng bùrú cóngmìng le. Ràng kēzhǎng

破费 了。
pòfèi le.

日本語訳

伊藤： もうすぐ十二時だね。今日は何を食べたいかい？

王さん： いつもお弁当の出前で、だいぶ飽きてしまいましたね。近くに新しい四川料理の店ができたそうですよ。

伊藤： そうか。私はとても四川料理が好きでね。ただ辛すぎる料理はいまひとつ食べられないのだけど……

王さん： 私も四川料理が好きです。では今日そのお店に昼食を食べに行きましょう。

伊藤： いいね。たまには外で美味しいものを食べるのもいいでしょう。今日は私におごらせて。どうかな。

王さん： いえいえ、それはいけません。

伊藤： 遠慮しないで。北京に来てから、いろいろ助けてもらっているし、今日は私に持たせてよ。

王さん： では、お言葉に甘えて。課長、ごちそうになります。

Word 単語

快……了	kuài …… le	間もなく、もうすぐ、じきに
订盒饭	dìng héfàn	弁当の出前を取る
腻	nì	飽きる、うんざりする
四川菜	Sìchuāncài	四川料理
不过	búguò	ただし、ただ
辣	là	（ひりひりして）辛い
偶尔	ǒu'ěr	たまに、時々
顿	dùn	（量詞）食事の回数を表す
请客	qǐngkè	客を招待する、招く、ご馳走をする
不好意思	bù hǎoyìsi	恥ずかしい、申し訳ない
表示	biǎoshì	（ことば、行為で）表す、示す
恭敬不如从命	gōngjìng bùrú cóngmìng	（慣用句）遠慮するより言うとおりにした方がいい
破费	pòfèi	（金、時間を）使う、費やす

文法ポイント

1. 听说

「(聞くところ)によると…だそうだ」の意で、伝聞を表す。

(1) 听说小王快要结婚了。

(2) 听李部长说，福顺公司搬到万达大厦去了。

(3) 这个消息，你听谁说的？

2. 不怎么

"不＋怎么"は程度を表すことができる。「別に…ない」、「大して…ない」、「それほど…ない」の意。形容詞や能願動詞の前に置くときは、"不太"とほぼ同じ。

(1) 我的汉语说得不怎么好。

(2) 她最近不怎么来这里吃饭了。

(3) 我不怎么会喝酒。（＝我不太会喝酒。）

中国各地の料理

"民以食为天"ということわざが言うように、人々の料理に対する情熱は世界一と言っても過言ではありません。中国は土地が広く、物産も豊富で、地方によって食材、味付け、調理法が異なります。長い歴史の中で、様々な料理が生み出されてきましたが、大きく四つの系統（あるいは八つの系統）に分けられます。例えば、日本で親しまれている"麻婆豆腐"は四川料理、"咕咾肉（酢豚）"、"八宝菜"は広東料理で、"东坡肉（角煮）"は浙江料理にそのルーツをたどることができます。

中国四大料理

中国語	ピンイン	日本語
京菜	Jīng cài	北京料理
沪菜	Hù cài	上海料理
川菜	Chuān cài	四川料理
粤菜	Yuè cài	広東料理

中国八大料理

中国語	ピンイン	日本語
鲁菜	Lǔ cài	山東料理
川菜	Chuān cài	四川料理
粤菜	Yuè cài	広東料理
闽菜	Mǐn cài	福建料理
苏菜	Sū cài	江蘇料理
浙菜	Zhè cài	浙江料理
湘菜	Xiāng cài	湖南料理
徽菜	Huī cài	安徽料理

練習問題

一 次の（　　）中に適当な単語を入れなさい。

1. 我（　　）跟您客气，实在是喝（　　）白酒。
   （遠慮しているのではなく、実は白酒が飲めないのです。）

2. 她不（　　）去饭店，只是（　　）才去吃一顿。
   （彼女はそれほど外食したりはせず、たまに行くだけです。）

3. （　　）总是（　　）您，今天就让我表示一点儿心意吧！
   （普段からご面倒をおかけしているので、今日は私に持たせてください。）

二 下線の部分を入れ替えて読みなさい。

1. 等会儿你想<u>吃点儿</u>什么？（喝点儿 / 买点儿 / 干点儿）

2. 我特别爱吃<u>四川菜</u>。（山东菜 / 淮扬菜 / 湖南菜）

3. 帮我订<u>份盒饭</u>好吗？（张机票 / 个房间 / 份报纸）

三 次の単語を並べて、文を完成しなさい。

1. 倒闭　了　公司　快要　他　的
   （彼の会社はもうすぐ倒産するようです。）

   _____

2. 附近　听说　开了　书店　一家
   （近くに書店がオープンしたそうです。）

   _____

3. 破费　小王　让　今天　了
   （今日はあなたに散財をおかけいたしました。）

   _____

四 次の文を中国語に訳しなさい。

1. 彼は来週帰国するそうです。

   _____

2. また散財させてしまって、本当に申し訳ありません。

   _____

3. 今日はどこかへ出かけるつもりですか。

   _____

第 4 课　预约面谈

>> **Story**
ストーリー

先日北京福順公司と今年度も契約を結ぶと約束したが、契約の内容についてさらなる話し合いを行うために、明日福順公司を訪問しようとしている伊藤課長。電話で相手の会社とアポイントメントを取る。

本文

🎧 10

伊藤：
您　好！　是　北京　福顺　公司　吗？　我　想
Yīténg:　Nín　hǎo!　Shì　Běijīng　Fúshùn　Gōngsī　ma?　Wǒ　xiǎng

找　市场部　的　林　经理。
zhǎo　Shìchǎngbù　de　Lín　jīnglǐ.

前台：
好　的。请　您　稍　等。请问　您　是……
Qiántái:　Hǎo　de.　Qǐng　nín　shāo　děng.　Qǐngwèn　nín　shì……

伊藤：
我　是　长京　商事　北京　分公司　的
Wǒ　shì　Chángjīng　Shāngshì　Běijīng　Fēngōngsī　de

伊藤　雅彦。
Yīténg　Yǎyàn.

……

林经理：
伊藤　科长，您　好！　我　是　林　夏云。
Lín jīnglǐ:　Yīténg　kēzhǎng,　nín　hǎo!　Wǒ　shì　Lín　Xiàyún.

上次　承蒙　您　的　关照，非常　感谢！
shàngcì　chéngméng　nín　de　guānzhào,　fēicháng　gǎnxiè!

伊藤：
您　太　客气　了。能　和　贵　公司　合作，
Nín　tài　kèqi　le.　Néng　hé　guì　gōngsī　hézuò,

我们　也　感到　十分　荣幸。明天　我　想　去
wǒmen　yě　gǎndào　shífēn　róngxìng.　Míngtiān　wǒ　xiǎng　qù

拜访　您，与　您　详细　谈　一下儿　合作　的
bàifǎng　nín,　yǔ　nín　xiángxì　tán　yíxiàr　hézuò　de

第 4 課

具体 方案，不 知道 您 有 没有 时间？
jùtǐ fāng'àn, bù zhīdào nín yǒu méiyǒu shíjiān?

林经理：请 稍 等，我 确认 一下儿。
Qǐng shāo děng, wǒ quèrèn yíxiàr.

下午 两 点 以后 的 话，应该 没 问题。
Xiàwǔ liǎng diǎn yǐhòu de huà, yīnggāi méi wèntí.

伊藤：太 好 了。明天 我 两点 半 左右 过去 吧。
Tài hǎo le. Míngtiān wǒ liǎng diǎn bàn zuǒyòu guòqu ba.

林经理：好。请 代 我 问候 贵 公司 的 李 部长。
Hǎo. Qǐng dài wǒ wènhòu guì gōngsī de Lǐ bùzhǎng.

希望 我们 合作 愉快！
Xīwàng wǒmen hézuò yúkuài!

伊藤：我 一定 转告 李 部长。明天 见。
Wǒ yídìng zhuǎngào Lǐ bùzhǎng. Míngtiān jiàn.

27

日本語訳

伊藤： こんにちは。北京福順公司ですか。マーケティング部の林マネージャーはいらっしゃいますか。

フロント： かしこまりました。少々お待ちください。どちら様でしょうか。

伊藤： 長京商事北京支社の伊藤雅彦と申します。

……

林： 伊藤課長、こんにちは。林夏雲です。先日はお世話になり、本当にありがとうございました。

伊藤： いえいえ。御社と提携することができて、誠に光栄です。明日お伺いして契約の詳細について打ち合わせをしたいのですが、ご都合はいかがでしょうか。

林： 少々お待ちください。時間を確認いたします。午後二時以降なら、問題なさそうですね。

伊藤： よかったです。明日の二時半ごろにお伺いします。

林： わかりました。御社の李部長によろしくお伝えください。双方にとって有益なビジネスができるよう願います。

伊藤： 必ず李部長にお伝えいたします。また明日。

Word
単語

稍等	shāo děng	少々お待ちください		方案	fāng'àn	仕事の計画、プラン
承蒙	chéngméng	被る、受ける		确认	quèrèn	確認する
关照	guānzhào	面倒を見る		应该	yīnggāi	…すべきである
荣幸	róngxìng	光栄である		过去	guòqu	向こうへ行く
拜访	bàifǎng	訪問する		代	dài	代わりに
具体	jùtǐ	具体的な		转告	zhuǎngào	伝言する

文法ポイント

1. V＋一下儿

「ちょっと…する」、同様の意味を表すものに「動詞の重ね型」がある。

(1) 我想试一下儿（试试）这条裤子。
(2) 你尝一下儿（尝尝）这个菜味道怎么样。
(3) 你能帮我拿一下儿（拿拿）行李吗？

2. 代 / 替

…にかわる。…の代わりをする。

(1) 请代我问候李老师。
(2) 你替我写吧。
(3) 老张代我出席会议。
(4) 你替我跟老师说一下。

電話の常用表現

電話は、対面するコミュニケーションとは異なり音だけに頼るため、聞き取れなかったり、聞き間違えたりすることが多くあります。そのため"……，对吗？"、"……，是吗？"、"……，是这样吗？"などの表現で相手の言葉をそのまま復唱したり、言い換えて確認したりすることが大切です。特に数字や時間、場所などについては必ず確認しましょう。

(1) 请您稍后再打。
  後ほど再度お電話ください。

(2) 对不起，我打错了。
  すみません、間違えました。

(3) 稍后我给您回电。
  後ほど折り返しお電話します。

(4) 信号好像不太好。
  電波がよくないようです。

(5) 有会说日语的人吗？
  日本語を話せる方はいらっしゃいますか。

(6) 那就这样吧。
  それではそうしましょう。

練習問題

一 次の（　　）中に適当な単語を入れなさい。

1. 我感到（　　　　）荣幸。
   （大変光栄に存じます。）

2. 请（　　　　）向总经理问好。
   （私の代わりに社長によろしくお伝えください。）

3. 下周三（　　　　）我有时间。
   （来週の水曜日なら、時間ありますよ。）

二 下線の部分を入れ替えて読みなさい。

1. 请您稍等。（等一下 / 等等 / 稍候）

2. 与您详细谈（汇报 / 商量 / 面谈）一下儿。

3. 让我确认一下儿时间（地点 / 人数 / 资料）。

三 次の単語を並べて、文を完成しなさい。

1. 科长 （两点　下午　去见　林经理　明天）
   （課長は明日午後二時に林経理と面会します。）

   ....

2. 伊藤 （问候　替　李部长　总经理）
   （李部長の代わりに伊藤が総経理にごあいさつにお伺いします。）

   ....

3. 我 （出租车　去　坐　要　二十分钟）
   （タクシーで行くのに20分はかかります。）

   ....

四 次の文を中国語に訳しなさい。

1. ここ数日、私は開店準備でとても忙しい。

   ....

2. 私は明日李部長に電話します。

   ....

3. ちょっと説明してください。

   ....

第 5 課 电子邮件

> **Story** ストーリー
> 伊藤課長は、今年度の契約の件で林さんに電話をして、明日、北京福順公司を訪問することを約束した後、商品規格などの書類を御礼メールに添付して送った。メールの最後に、食事に誘う内容を付け加えたが、果たして林さんは来てくれるだろうか。

本文

尊敬 的 林 夏云 小姐：
Zūnjìng de Lín Xiàyún xiǎojiě:

您 好！
Nín hǎo!

非常 高兴， 今天 下午 接到 您 的 电话，
Fēicháng gāoxìng, jīntiān xiàwǔ jiēdào nín de diànhuà,

衷心 感谢 您 对 我们 公司 的 大力 支持。
zhōngxīn gǎnxiè nín duì wǒmen gōngsī de dàlì zhīchí.

根据 您 的 要求， 随 信 附上 产品 规格 和
Gēnjù nín de yāoqiú, suí xìn fùshang chǎnpǐn guīgé hé

提货 条件， 请 您 过目。 有 什么 问题 的 话，
tíhuò tiáojiàn, qǐng nín guòmù. Yǒu shénme wèntí de huà,

请 随时 与 我们 联系。
qǐng suíshí yǔ wǒmen liánxì.

很 抱歉， 在 下班 时间 之 后 还 打扰 您。
Hěn bàoqiàn, zài xiàbān shíjiān zhī hòu hái dǎrǎo nín.

具体 事项 明天 下午 见面 后 详谈。 希望
Jùtǐ shìxiàng míngtiān xiàwǔ jiànmiàn hòu xiángtán. Xīwàng

我们 合作 顺利。
wǒmen hézuò shùnlì.

祝 七夕 快乐！
Zhù Qīxī kuàilè!

附：产品 规格、提货 条件 各 一份。
Fù: Chǎnpǐn guīgé, tíhuò tiáojiàn gè yífèn.

敬上
Jìngshàng

伊藤 雅彦
Yīténg Yǎyàn

又及：我 最近 发现了 一 家 很 好吃 的 四川
Yòují: Wǒ zuìjìn fāxiànle yì jiā hěn hǎochī de Sìchuān

菜馆，如果 您 不 介意 的 话，明晚 我 想 请
càiguǎn, rúguǒ nín bú jièyì de huà, míngwǎn wǒ xiǎng qǐng

您 吃 个 便饭。期待 您 的 回信。
nín chī ge biànfàn. Qīdài nín de huíxìn.

日本語訳

尊敬する林夏雲様

こんにちは！
本日午後にお電話を頂き、ありがとうございました。
長期間にわたり弊社をご愛顧くださり、心より感謝申しあげます。ご依頼頂いていたように、商品規格と貨物引き替え条件を本メールに添付いたしました。ご確認のほどよろしくお願いいたします。また何かございましたら、随時ご連絡頂けますようお願いいたします。
お仕事以外のお時間に失礼いたしました。
詳しい内容は明日の午後お会いしてからお話しいたします。双方にとって有益なビジネスになりますように。

楽しい七夕をお過ごしください。

添付：商品規格と貨物引き替え条件を一部ずつ

敬具

　　　　　　　　　　　　　　　　　　　　　　　　　　　　　　　　　伊藤　雅彦

追伸：最近美味しい四川料理店を見つけました。差し支えなければ、明日の夜、食事をご一緒しませんか。お返事をお待ちしております。

Word 単語

根据	gēnjù	…に基づいて
随信	suí xìn	手紙のついでに
附上	fùshang	付け加える
过目	guòmù	(敬語)目を通す
随时	suíshí	いつでも
抱歉	bàoqiàn	申し訳なく思う、恐縮に思う
打扰	dǎrǎo	お邪魔する
详谈	xiángtán	詳しく話す
又及	yòují	追伸
介意	jièyì	気にする、気にかける
便饭	biànfàn	手軽な食事
回信	huíxìn	返信

文法ポイント

1. 根据

「…によると」、「…に基づいて」の意で、書き言葉で多く使われる表現。

(1) 你根据什么做出这样的判断？
(2) 根据气象局的预测，今年夏天的气温会高于往年。
(3) 根据合同法，不按时交货属于违约行为。

2. 祝

"祝"で兼語文を作り、祈る、祝うことを表す。「…よう祈る」、「…よう願う」の意。そのほか、"祝贺＋人"という形もある。

(1) 来，我们祝你身体健康！
(2) 祝我们合作愉快，干杯！
(3) 祝工作顺利！

🌸 中国の祝日について

中国の祝日は新暦と旧暦に分けられます。新暦の祝日には元旦、労働節（メーデー）、国慶節などがあり、旧暦の祝日には、春節（旧暦1月1日）、清明節（冬至から108日）、端午節（旧暦5月5日）、中秋節（旧暦8月15日）などがあります。また旧暦には4つの祭りがあり、中国の四大伝統祭りと言われています。それぞれ餃子、ちまき、月餅など縁起の良い食品を食べ、様々な行事が行われます。また、春節と国慶節は実質3連休の祝日でも、前後の土日を振替出勤日として、その代わりに平日の2日間を振替休日に指定し7連休とされ、年2回の大型連休になっています。

❖ 2017年祝日一覧

元旦	1月1日	（1月2日振替休日　2連休）
春節（旧正月）	1月28日	（1月27日～2月2日　7連休）
清明節	4月4日	（4月2～4日　3連休）
労働節	5月1日	（4月29日～5月1日　3連休）
端午節	5月30日	（5月28～30日　3連休）
国慶節	10月1日	（1～8日　8連休）
中秋節	10月4日	

＊1月22日（日）、2月4日（土）振替出勤日
＊4月1日（土）振替出勤日
＊5月27日（土）振替出勤日
＊9月30日（土）振替出勤日

練習問題

一 次の（　　）中に適当な単語を入れなさい。

1. 等会儿我给你（　　　　）电话。
   （少ししたら、折り返し電話をします。）

2. 我（　　　）昨天给你发（　　　　）邮件。
   （昨日メールを送ったのです。）

3. （　　　）着与您见面。
   （お目にかかるのを楽しみにしています。）

二 下線の部分を入れ替えて読みなさい。

1. 祝<u>新年</u>（生日 / 圣诞 / 元旦）快乐！

2. 我发现了一家很好的<u>四川</u>（北京 / 广东 / 山东）菜馆。

3. 我想请您去<u>吃个便饭</u>（喝个茶 / 看场电影 / 泡个温泉）。

三 次の単語を並べて、文を完成しなさい。

1. 根据　要求　来　您的　安排
   （ご希望どおりに手配させていただきます。）

   ....

2. 参加　明天　舞会　生日　去
   （明日バースディーパーティーに出席します。）

   ....

3. 附上　随信　参考　資料
   （参考資料を添付します。）

   ....

四 次の文を中国語に訳しなさい。

1. いい資料を見つけた。

   ....

2. 仕事が順調に行くように祈ります。

   ....

3. 時間があれば、お邪魔します。

   ....

第 6 课　出差准备

Story ストーリー

北京福顺公司の関連会社である上海東江公司を見学するため、伊藤課長は上海のホテルに電話をして部屋を取ることに。15、16日の二泊三日で予約したかったが、16日はあいにくシングルルームが満室とのこと。しかし、二日間宿泊すると二日目は割引が効いてダブルルームも安くなるとのことで、シングルとダブルを一部屋ずつ予約した。

本文

服务台 Fúwùtái: 您好！这里是万盛酒店。
Nín hǎo! Zhèli shì Wànshèng Jiǔdiàn.

伊藤 Yīténg: 你好！我想预订十五号到十六号，
Nǐ hǎo! Wǒ xiǎng yùdìng shíwǔ hào dào shíliù hào,
两个晚上的房间。
liǎng ge wǎnshang de fángjiān.

服务台: 您需要单人间，还是双人间？
Nín xūyào dānrénjiān, háishi shuāngrénjiān?

伊藤: 单人间就好，多少钱一天？
Dānrénjiān jiù hǎo, duōshao qián yì tiān?

服务台: 请稍等。实在抱歉，十五号单人间没
Qǐng shāo děng. Shízài bàoqiàn, shíwǔ hào dānrénjiān méi
问题，可是十六号单人间都满了，
wèntí, kěshì shíliù hào dānrénjiān dōu mǎn le,
双人间怎么样？
shuāngrénjiān zěnmeyàng?

伊藤: 单人间和双人间价格差得多吗？
Dānrénjiān hé shuāngrénjiān jiàgé chà de duō ma?

服务台: 差得不多。单人间六百六十块，
Chà de bùduō. Dānrénjiān liùbǎi liùshí kuài,

双人间 八百 八十 块 一晚。因为 您 要住
shuāngrénjiān bābǎi bāshí kuài yìwǎn. Yīnwèi nín yàozhù

两 天，第二 天 的 房钱 可以 打 百 分之
liǎng tiān, dì-èr tiān de fángqián kěyǐ dǎ bǎi fēnzhī

十 的 折扣。
shí de zhékòu.

伊藤： 那 太 好 了。 就 这么 定 了。 对 了，
Nà tài hǎo le. Jiù zhème dìng le. Duì le,

你们 那儿 在 什么 方位？交通 方 不 方便？
nǐmen nàr zài shénme fāngwèi? Jiāotōng fāng bu fāngbiàn?

服务台： 我们 酒店 就 在 火车站 南边，走路 只要
Wǒmen jiǔdiàn jiù zài huǒchēzhàn nánbian, zǒulù zhǐyào

两、三 分钟。
liǎng、sān fēnzhōng.

伊藤： 真 不错。另外，房间 里 有 没有 无线网？
Zhēn búcuò. Lìngwài, fángjiān li yǒu méiyǒu wúxiànwǎng?

服务台： 您 放心，每 个 房间 都 有 无线网 信号，
Nín fàngxīn, měi ge fángjiān dōu yǒu wúxiànwǎng xìnhào,

您 入住 时 我们 会 给 您 上网 的 密码。
nín rùzhù shí wǒmen huì gěi nín shàngwǎng de mìmǎ.

伊藤： 明白 了。 非常 感谢。
Míngbai le. Fēicháng gǎnxiè.

日本語訳

フロント： こんにちは。こちらは万盛ホテルです。

伊藤： こんにちは。15日と16日の部屋を予約したいのですが。

フロント： シングルですか。それともダブルですか。

伊藤： シングルです。おいくらですか。

フロント： 少々お待ちください。申し訳ないのですが、15日のシングルは問題ないのですが、16日のシングルは満室となっています。ダブルはいかがでしょうか。

伊藤： シングルとダブルの金額の差は大きいですか。

フロント： シングルは660元で、ダブルは880元になります。お客様は二日間宿泊されるので、二日目の宿泊料は10％オフになります。

伊藤： それはよかった。ではそれでお願いします。そういえば、ホテルはどこにありますか。交通は便利ですか。

フロント： 当ホテルは、駅の南側にあります。歩いて２、３分しかかかりません。

伊藤： それはいいですね。あと、部屋の中にWi-Fiはありますか。

フロント： ご安心ください。各部屋で無線通信が可能で、宿泊時にパスワードをお伝えします。

伊藤： わかりました。ありがとうございます。

Word
単語

预订	yùdìng	予約（する）、注文する		定	dìng	決定する
单人间	dānrénjiān	シングル・ルーム		方位	fāngwèi	方向と位置
双人间	shuāngrénjiān	ダブル・ルーム		火车站	huǒchēzhàn	駅
稍等	shāo děng	少々お待ちください		无线网	wúxiànwǎng	Wi-Fi
抱歉	bàoqiàn	申し訳なく思う		信号	xìnhào	電波
满	mǎn	いっぱいになる		上网	shàngwǎng	ネットに接続する
打折扣	dǎ zhékòu	割り引きをする		密码	mìmǎ	暗証番号、パスワード

文法ポイント

1. 就好

   …（だけ）でいい。…で結構です。

   (1) 不用准备那么多菜，两个就好。
   (2) 一杯咖啡就好，不要甜点。
   (3) 只要是省电的空调就好，外观好不好看不重要。

2. 得（様態補語）

   様態補語とは、動作・行為の行われ方、状態などを評価したり、描写したりするものです。

   (1) 她唱得很好。
   (2) 她唱得不好。
   (3) 她唱歌唱得很好。
   (4) 她唱歌唱得比我好。

🎵 17

🌼 出張の常用表現

   (1) 健身房在几楼？
       ジムは何階にありますか。

   (2) 早餐从几点到几点？
       朝食は何時から何時までですか。

   (3) 这个房间烟味太大，能换房间吗？
       この部屋はタバコ臭くて、部屋を換えてもらえますか。

   (4) 买火车票需要护照吗？
       列車の切符を購入するのにパスポートは必要ですか。

   (5) 因为大雾飞机停飞了，我能改签机票吗？
       濃霧のため、飛行機が欠航になってしまいました。フライトを変更することはできますか。

   (6) 我好像迷路了。
       私は道に迷ったようです。

   (7) 我好像把房卡弄丢了。
       私はカードキーをなくしたようです。

   (8) 我对鸡蛋过敏。
       たまごアレルギーです。

練習問題

一 次の（　）中に適当な単語を入れなさい。

1. 我想（　　　　）房间。
   （部屋を予約したいのですが。）

2. 暑假期间所有的房间都（　　　　）了。
   （夏休み期間中はすべて満室となっています。）

3. （　　　　），可以打折吗？
   （ところで、割引をしてくれますか。）

二 下線の部分を入れ替えて読みなさい。

1. 预约双人房间（机票 / 船票 / 车票）。

2. 可以打百分之五（百分之十 / 百分之十五 / 百分之五十）的折扣。

3. 上不了网（打国际电话 / 发传真 / 充电）。

三 次の単語を並べて、文を完成しなさい。

1. 您 （不在　房间　原来　啊）
   （なんだ、部屋にいなかったのか。）

2. 怪不得　人　没有　接　电话
   （道理で誰も電話にでないと思った。）

3. 制定　方案　根据　的　要求　合同
   （契約に沿ってプログラムを組み立てます。）

四 次の文を中国語に訳しなさい。

1. 何も食べたくありません。おかゆだけで結構です。

2. 王さんのカラオケは李さんほどうまくありません。

3. 2020年に東京オリンピックが開催される予定です。

第 7 課　机场迎接

> **Story** ストーリー
>
> 上海東江公司の工場を視察するため、伊藤課長は飛行機で中国随一の大都会上海にやってきた。委託加工業務の総担当である韓工場長は空港まで出迎えに。今晩は、伊藤課長のための歓迎宴を開くことになった。

本文

🔊 18

韩厂长：　请问，　您　是　长京　商事　的
Hán chǎngzhǎng: Qǐngwèn, nín shì Chángjīng Shāngshì de

　　　　　伊藤　科长　吗？
　　　　　Yīténg kēzhǎng ma?

伊藤：　是 的，您 是……？
Yīténg: Shì de, nín shì……?

韩厂长：　您 好，我 是 上海 东江 公司
Nín hǎo, wǒ shì Shànghǎi Dōngjiāng Gōngsī

　　　　　的 小 韩，欢迎 您 的 光临！
　　　　　de Xiǎo Hán, huānyíng nín de guānglín!

伊藤：　谢谢 您 特地 来 接 我。
Xièxie nín tèdì lái jiē wǒ.

韩厂长：　哪里 哪里，您 太 客气 了。是 张 总
Nǎli nǎli, nín tài kèqi le. Shì Zhāng zǒng

　　　　　派 我 来 接 您 的。一路上 辛苦 了。
　　　　　pài wǒ lái jiē nín de. Yílùshang xīnkǔ le.

伊藤：　没 什么。今天 天气 很 好，从 北京
Méi shénme. Jīntiān tiānqì hěn hǎo, cóng Běijīng

　　　　　到 上海 只 飞了 一 个 小时 就 到 了。
　　　　　dào Shànghǎi zhǐ fēile yí ge xiǎoshí jiù dào le.

乘客 也 不 多，一路上 非常 顺利。
Chéngkè yě bù duō, yílùshang fēicháng shùnlì.

韩厂长： 听说 您 亲自 到 上海 来，我们
Tīngshuō nín qīnzì dào Shànghǎi lái, wǒmen

公司 的 经理们 都 很 高兴。今晚
gōngsī de jīnglǐmen dōu hěn gāoxìng. Jīnwǎn

六 点 我们 在 扬子江 饭店 吃 个 便饭，
liù diǎn wǒmen zài Yángzǐjiāng Fàndiàn chī ge biànfàn,

给 您 接风，请 一定 光临。
gěi nín jiēfēng, qǐng yídìng guānglín.

伊藤： 谢谢 贵 公司 这么 周到 的 安排。
Xièxie guì gōngsī zhème zhōudào de ānpái.

我 一定 会 准时 赴约。
Wǒ yídìng huì zhǔnshí fùyuē.

> **日本語訳**
>
> 韓工場長： すみません、長京商事の伊藤課長ですか。
> 伊藤： そうですが、あなたは……
> 韓工場長： こんにちは、私は上海東江会社の韓です。ようこそいらっしゃいました。
> 伊藤： お出迎えありがとうございます。
> 韓工場長： いえいえ。張社長が迎えによこしました。道中お疲れ様です。
> 伊藤： なんてことありません。天気も良く、北京から上海まで一時間で着きました。乗客も少なく、とても順調でした。
> 韓工場長： 課長自ら上海にお越しいただけると聞いて、うちの部長たちもとても喜んでいます。今晩は揚子江ホテルでささやかな夕食会を用意しています。ぜひお越しください。
> 伊藤： 行き届いたご手配に感謝いたします。必ずまいります。

≫ Word 単語

特地	tèdì	わざわざ	接风	jiēfēng	（遠来の客のために）歓迎会を開く
派	pài	派遣する、差し向ける	周到	zhōudao	行き届いている
一路上	yílùshang	道中	安排	ānpái	手配する
辛苦	xīnkǔ	苦労する	一定	yídìng	必ず
客气	kèqi	遠慮する	准时	zhǔnshí	定刻（どおり）に
顺利	shùnlì	順調である	赴约	fùyuē	約束した人に会いに行く
高兴	gāoxìng	うれしい、機嫌がよい			

文法ポイント

1. 特地

「特別に」、「わざわざ」の意を表す。日本語の「わざわざ」と違って、相手を尊重する気持ちで相手にも自分にも用いられる。

(1) 这是我特地给你做的鸡汤。
(2) 谢谢你特地来医院看我。
(3) 听说今晚李部长特地设宴款待张总。

2. 就

「すぐ」、「じきに」、時間の表現を受けて、短時間のうちであること、または時間がかからず、思うより早いことを示す。

(1) 你再等五分钟，我马上就去。
(2) 我们约的十点，可他八点就来了。
(3) 坐火车两个小时就能到北京。

🌸 タクシー道案内の常用表現

(1) 请开一下行李箱。
　　トランクを開けてください。

(2) 我要到和平饭店，这是地址。
　　和平ホテルに行きたいのですが、これが住所です。

(3) 请在前面上高速。
　　この先で高速道路に入ってください。

(4) 那里好不好停车？
　　あそこは車を停めやすいですか。

(5) 前面能掉头吗？
　　前方でUターンできますか。

(6) 我就在这儿下吧。
　　ここで降ります。

(7) 请给我发票。
　　領収書をください。

練習問題

一 次の（　　　）中に適当な単語を入れなさい。

1. 一路上（　　　）吗？
   （道中は順調でしたか。）

2. 您这次准备呆（　　　）呢？
   （今回何日滞在する予定ですか。）

3. 各位是（　　　）来北京吗？
   （みなさん北京に来るのは初めてですか。）

二 下線の部分を入れ替えて読みなさい。

1. 请问，您是<u>伊藤科长</u>（李总 / 林女士 / 张先生）吗？

2. <u>车</u>（晚餐 / 合同 / 座位）已经准备好了，请到这边来。

3. <u>各位</u>（大家 / 部长 / 会长）特地来迎接我们，太感谢了！

三 次の単語を並べて、文を完成しなさい。

1. 今后　麻烦　不少　会　给您　添
（今後はいろいろご面倒をかけます。）

....

2. 开　就　往前　到　五分钟
（まっすぐ走って、五分でつきます。）

....

3. 应该　我们　更有　比　机会　他们
（私たちは彼らよりチャンスがあるはずです。）

....

四 次の文を中国語に訳しなさい。

1. 四月になると桜が満開になるそうです。

....

2. 陳さんは五歳のときから、すでにピアノを習い始めた。

....

3. 彼は今回特別に彼女へのプレゼントを用意した。

....

第 8 課　接风宴会

> **Story** ストーリー
> 上海に到着した日の夜、伊藤課長は上海東江公司の招待に応じて歓迎宴に参加した。北京福順公司の張社長もわざわざ北京から上海まで足を運んでくれ、宴は更に盛り上がりをみせている。招待側も招待される側も盃を重ねて、中国の白酒を飲みながら、本場の江蘇料理を心ゆくまで堪能した。

本文

张总： 伊藤 先生，欢迎 您 来 上海。
Zhāng zǒng: Yīténg xiānsheng, huānyíng nín lái Shànghǎi.
　　　 一路上 辛苦 了。
　　　 yílùshang xīnkǔ le.

伊藤： 不 辛苦。张 总 您 也 专程 而 来，
Yīténg: Bù xīnkǔ. Zhāng zǒng nín yě zhuānchéng ér lái,
　　　 实在 是 不 好意思。
　　　 shízai shì bù hǎoyìsi.

张总： 你 是 第一 次 来 上海 吧？对 上海
　　　 Nǐ shì dì-yī cì lái Shànghǎi ba? Duì Shànghǎi
　　　 印象 如何？
　　　 yìnxiàng rúhé?

伊藤： 下午 在 酒店 附近 转了转，上海
Yīténg: Xiàwǔ zài jiǔdiàn fùjìn zhuànlezhuàn, Shànghǎi
　　　 可 真 繁华。贵 公司 选择 在 上海
　　　 kě zhēn fánhuá. Guì gōngsī xuǎnzé zài Shànghǎi
　　　 发展，是 非常 有 眼光 的 啊！
　　　 fāzhǎn, shì fēicháng yǒu yǎnguāng de a!

张总： 伊藤 科长，您 过奖 了。请 大家 入座 吧。
　　　 Yīténg kēzhǎng, nín guòjiǎng le. Qǐng dàjiā rùzuò ba.

韩厂长： 伊藤 科长 里边 请。
Hán chǎngzhǎng: Yīténg kēzhǎng lǐbian qǐng.

伊藤： 谢谢，请 你们 也 入座 吧。感谢 诸位
　　　 Xièxie, qǐng nǐmen yě rùzuò ba. Gǎnxiè zhūwèi

特地 为 我 准备了 这么 丰盛 的 宴席。
tèdì wèi wǒ zhǔnbèile zhème fēngshèng de yànxí.

韩厂长：伊藤 先生，您 喝 点儿 什么？
Yīténg xiānsheng, nín hē diǎnr shénme?

能 喝 中国酒 吗？
Néng hē Zhōngguójiǔ ma?

伊藤：度数 低 的 白酒，可以 喝 一点儿。
Dùshu dī de báijiǔ, kěyǐ hē yìdiǎnr.

韩厂长：那 我们 先 来 一 瓶 王府家酒 吧。
Nà wǒmen xiān lái yì píng Wángfǔjiājiǔ ba.

今天 我们 准备了 地道 的 淮扬菜，
Jīntiān wǒmen zhǔnbèile dìdao de Huáiyángcài,

您 一定 得 好好儿 尝尝。
Nín yídìng děi hǎohāor chángchang.

张总：来，让 我们 一起 举杯。为了
Lái, ràng wǒmen yìqǐ jǔbēi. Wèile

我们 合作 成功，干杯！
wǒmen hézuò chénggōng, gānbēi!

……

伊藤：今天 的 菜 太 可口 了，我 非常 喜欢。
Jīntiān de cài tài kěkǒu le, wǒ fēicháng xǐhuan.

我 敬 大家 一杯，祝 各位 身体 健康！
Wǒ jìng dàjiā yìbēi, zhù gèwèi shēntǐ jiànkāng!

张总：今晚 不 醉 不 归。我 干 了，你 随意。
Jīnwǎn bú zuì bù guī. Wǒ gān le, nǐ suíyì.

伊藤：非常 感谢 诸位 的 盛情 款待。
Fēicháng gǎnxiè zhūwèi de shèngqíng kuǎndài.

我 真 的 醉 了……
Wǒ zhēn de zuì le……

日本語訳

張社長: 伊藤さん、上海へようこそ。道中お疲れ様でした。
伊藤: いえいえ。張社長もわざわざ来てくださって、恐縮です。
張社長: 上海は初めてですか。上海の印象はいかがですか。
伊藤: 午後ホテルの近くをぶらぶらしましたが、上海は本当に活気がありますね。上海での発展を選んだ御社はとても見る目がありますね。
張社長: 伊藤課長、褒めすぎですよ。さあみなさんおすわりください。
韓工場長: 伊藤課長どうぞ中へ。
伊藤: 皆さんもおかけになってください。温かいおもてなしを本当にありがとうございます。
韓工場長: 伊藤さん、飲み物は何に致しますか。中国のお酒は飲めますか。
伊藤: 度数が低い白酒なら少し飲めます。
韓工場長: それでしたらまず、王府家酒をいただきましょう。今日は本場の淮揚料理をご用意いたしました。ぜひご堪能ください。
張社長: みなさん、グラスを持ってください。私たちの成功を祈って乾杯。
伊藤: 今日の料理はとてもおいしかったです。気に入りました。さあ、皆様のご健康を祈って乾杯いたしましょう。
張社長: 今晩は思う存分飲みましょう。(グラスを片手に)私は一気飲みしますが、伊藤さんはご自由に。
伊藤: みなさんの温かいおもてなしに感謝いたします。
私はもうすっかり酔ってしまいました。

Word 単語

专程而来	zhuānchéng érlái	わざわざ出かけていく
转	zhuàn	ぶらぶら歩く、あちこち歩き回る
繁华	fánhuá	にぎやかである
选择	xuǎnzé	選択する
发展	fāzhǎn	発展する
有眼光	yǒu yǎnguāng	見る目がある
过奖	guòjiǎng	褒めすぎる
入座	rùzuò	席に着く
诸位	zhūwèi	各位
丰盛	fēngshèng	豊富である、盛りだくさん
地道	dìdao	本場の
淮扬菜	Huáiyángcài	代表的な江蘇料理
敬(酒)	jìng(jiǔ)	酒をすすめる
不醉不归	bú zuì bù guī	酔うまで飲む
干	gān	飲み干す
随意	suíyì	気の向くままに(する)
盛情款待	shèngqíng kuǎndài	心のこもったもてなし

文法ポイント

1. 让

「AにBをさせる」と言う意味で使役の表現。"叫"とほぼ同じであるが、"让＋我（我们）……"の形はよく願望を表すのに用いるのに対し、"叫"にはこの用法はない。

(1) 我来晚了，让您久等了。

(2) 总经理不让员工带手机进车间。

(3) 让我们为健康干杯！

2. 不…不…

「AしないとBしない」、「AでないとBにならない」、慣用語によくあるパターンであるが、新しく作ることもできる。

(1) 想学好口语，不练不行。

(2) 你不工作老板就不发工资。

(3) 有些事不做不知道。

🌸 外食の常用表現

(1) 我要订包间，星期天晚上，六个人。
　　個室を日曜日のディナーで、6名予約したいのですが。

(2) 服务员，再加一张椅子。
　　店員さん、椅子を1脚追加してください。

(3) 请给我菜单。
　　メニューをください。

(4) 先来三瓶冰镇啤酒。
　　とりあえず、冷たいビールを3本ください。

(5) 有没有什么不辣的菜？
　　何か辛くない料理はありますか。

(6) 请换一下碟子。
　　取り皿を換えてください。

(7) 这儿可以刷卡吗？
　　こちらはクレジットカードでお支払いできますか。

練習問題

一 次の（　　）中に適当な単語を入れなさい。

1. 请各位不要（　　　　）。
   （みなさん、どうぞ遠慮しないでください。）

2. （　　　　）我们的合作圆满成功。
   （我々の提携がうまくいくよう祈っています。）

3. 请（　　　　）我看一下儿菜单。
   （メニューを見せてください。）

二 下線の部分を入れ替えて読みなさい。

1. 为了我们的友谊（发展 / 英雄 / 老朋友）干杯！

2. 真对不起（不好意思 / 抱歉 / 对不住），晚上我已经有安排了。

3. 招待会（酒会 / 舞会 / 宴会）到此结束。

三　次の単語を並べて、文を完成しなさい。

1. 李总　（欢迎　在　宴会上　致辞）
   （李総経理は歓迎宴であいさつなさいます。）

   ....

2. 我　（高兴　合　很　你的　能　口味）
   （お口に合えばとてもうれしいです。）

   ....

3. 再　（啤酒　来　一杯　怎么样）？
   （ビールをもう一杯いかがですか。）

   ....

四　次の文を中国語に訳しなさい。

1. 学費を稼ぐため、彼はアルバイトをしながら大学に通った。

   ....

2. すみません、今日は何も用意しておりません。

   ....

3. 荷物は私に持たせてください。

   ....

第 9 課　参观工场

> **Story**　ストーリー
>
> 二日酔いがまだひどい中、伊藤課長は朝一番に上海東江公司の製造工場にやってきた。衛生管理や品質検査などいろいろと疑問を抱いている伊藤課長に、韓工場長は親切に説明してくれた。

本文

韩厂长：伊藤　科长，早上　好！　欢迎　来
Hán chǎngzhǎng: Yīténg　kēzhǎng, zǎoshang hǎo!　Huānyíng lái

敝厂　指导。
bìchǎng　zhǐdǎo.

伊藤：韩　厂长，我　早就　盼望着　参观
Yīténg: Hán chǎngzhǎng, wǒ zǎojiù pànwàngzhe cānguān

贵厂　了，今天　终于　来　了。
guìchǎng le, jīntiān zhōngyú lái le.

韩厂长：请　戴上　帽子　和　口罩，还有，
Qǐng dàishàng màozi hé kǒuzhào, háiyǒu,

请　把　私人　物品　放进　寄存箱。
qǐng bǎ sīrén wùpǐn fàngjìn jìcúnxiāng.

……谢谢，请　这边　走。
xièxie, qǐng zhèbiān zǒu.

伊藤：贵厂　的　卫生　管理　可　真　严格，
Guìchǎng de wèishēng guǎnlǐ kě zhēn yángé,

连　私人　物品　也　不　允许　带进　车间。
lián sīrén wùpǐn yě bù yǔnxǔ dàijìn chējiān.

韩厂长：是　的，为了　保证　质量，不　严　不行。
Shì de, wèile bǎozhèng zhìliàng, bù yán bùxíng.

车间　都　是　流水　作业，不能　有　一点儿
chējiān dōu shì liúshuǐ zuòyè, bùnéng yǒu yìdiǎnr

疏忽。员工 换好 工作服 后 都 要
shūhu. Yuángōng huànhǎo gōngzuòfú hòu dōu yào

通过 安检，才 可以 进入 车间。
tōngguò ānjiǎn, cái kěyǐ jìnrù chējiān.

伊藤： 原来 如此，怪不得 贵 公司 的 产品
Yuánlái rúcǐ, guàibude guì gōngsī de chǎnpǐn

质量 如此 过硬 呢。
zhìliàng rúcǐ guòyìng ne.

（进入 车间）
(jìnrù chējiān)

韩厂长： 这 是 今年 春天 刚 引进 的
Zhè shì jīnnián chūntiān gāng yǐnjìn de

生产线，几乎 每 道 工序 都
shēngchǎnxiàn, jīhū měi dào gōngxù dōu

由 电脑 控制。
yóu diànnǎo kòngzhì.

伊藤： 商品 检查 是 怎么 做 的？
Shāngpǐn jiǎnchá shì zěnme zuò de?

韩厂长： 所有 商品 出厂 前 都 要
Suǒyǒu shāngpǐn chūchǎng qián dōu yào

经过 仪器 检查 和 人工 检查 两 道 关口。
jīngguò yíqì jiǎnchá hé réngōng jiǎnchá liǎng dào guānkǒu.

请 看，这 是 我们 每天 的 质检 记录。
Qǐng kàn, zhè shì wǒmen měitiān de zhìjiǎn jìlù.

> **日本語訳**
>
> 韓工場長： 伊藤課長おはようございます。弊社のご指導に来てくださってありがとうございます。
>
> 伊藤： 韓工場長、私は以前から御社の工場見学を楽しみにしておりました。今日やっと来ることができました。
>
> 韓工場長： では、帽子とマスクを着け私物を預けてこちらへどうぞ。
>
> 伊藤： 御社の衛生管理はとても厳しいですね。私物さえ工場に持ち込めないとは。
>
> 韓工場長： そうですね、厳しくしないといけません。作業場はすべて流れ作業ですので、少しも気を緩めることができないのです。従業員は皆、作業服に着替えてから安全検査を通過してようやく作業場に入ることができます。
>
> 伊藤： なるほど、どうりで御社の商品の質が高いわけですね。
>
> 韓工場長： これは今年の春に導入されたばかりの生産ラインです。すべての工程がコンピュータで管理されています。
>
> 伊藤： 商品検査はどうされていますか。
>
> 韓工場長： すべての商品は出荷する前に必ず機械と人の検査を通らなければなりません。見てください。これは毎日の品質検査の記録です。

Word
単語

终于	zhōngyú	ついに、とうとう	如此过硬	rúcǐ guòyìng	これほども厳しい試練に耐えられる
口罩	kǒuzhào	マスク	生产线	shēngchǎnxiàn	生産ライン
私人物品	sīrén wùpǐn	私物	几乎	jīhū	ほとんど
放进	fàngjìn	いれる	工序	gōngxù	工程
寄存箱	jìcúnxiāng	ロッカー、荷物預かり箱	控制	kòngzhì	コントロール
严格	yángé	厳しい	仪器	yíqì	器械
连……也……	lián……yě……	でさえ	关口	guānkǒu	必ず通過するところ、関所
允许	yǔnxǔ	許可する	质检记录	zhìjiǎn jìlù	品質検査の記録
原来如此	yuánlái rúcǐ	なるほど			

第 9 課

文法ポイント

1. 为了

「…のため」、「…のために」の意で、動機や目的を表す。

(1) 为了照顾妈妈，他决定搬回家住。
(2) 为了提高生产效率，公司引进了最新的外国设备。
(3) 为了不让他伤心，我们还没把这个消息告诉他。

2. 「把」構文

目的語が既知あるいは特定できるのであれば、目的語の前に「把」をつけて、動詞の前に持ってくることがある。こうした場合、動詞には普通、後置成分をつける。「把」構文は、目的語に対して処置の意味が強いため、「処置文」ともいう。

(1) 你明天把数码相机带来。
(2) 请你把那本书递给我。
(3) 我把明天开会用的资料准备好了。

知っ得

❀ 環境汚染や食品安全に関する流行語

　近年北京市では大気汚染が深刻な問題となっています。その中でも特に微小粒子状物質 PM2.5 への関心が高まっています。政府も自動車の排気ガスがその要因の一つと考え、様々な交通規制を厳しく導入しています。一方、市民が大気汚染を諷刺する流行語も注目されています。

(1) 限号 xiànhào：北京では2008年から、自動車のナンバープレートの末尾番号によって車両の使用を厳しく規制されている。

(2) 霾单 máidān：マスク、空気清浄機などの大気汚染対策商品の購入費を意味する。「お会計する」という意味の"买单"と掛けことばになる。

(3) 北京咳 Běijīng ké：北京における深刻な大気汚染を原因とする呼吸器症状のことを指す。

(4) APEC 蓝 lán：2014年アジア太平洋経済協力（APEC）首脳会議の開催地となった北京では、期間中、連日青空を確保するため、車両規制、工場の操業を停止、花火や爆竹の禁止、企業や学校の休止などの制約や禁止事項が課せられた。

練習問題

一 次の（　　）中に適当な単語を入れなさい。

1. 这个工厂是（　　　　）完工的？
   （この工場はいつ完成したのですか。）

2. （　　　　）的規模有（　　　　）？
   （作業場の規模はどのくらいですか。）

3. 职工总人数有（　　　　）？
   （全体の従業員はどのくらいいますか。）

二 下線の部分を入れ替えて読みなさい。

1. 李部长一直负责技术（人事 / 业务 / 财会）方面的工作。

2. 实在抱歉！这里不可以拍照（吸烟 / 扔垃圾 / 饮食）。

3. 有没有关于这方面的使用（构造 / 修理 / 保存）说明书？

三　次の単語を並べて、文を完成しなさい。

1. 他　（留下了　给我　印象　深刻的）
   （彼は私に深い印象を残した。）

   ....

2. 你　（我们的　觉得　怎么样　工厂）？
   （私たちの工場をどう思いますか。）

   ....

3. 有些事　（不问　是　的　不知）。
   （聞かないと知らないこともあります。）

   ....

四　次の文を中国語に訳しなさい。

1. 工場のパンフレットをください。

   ....

2. 今日これらの仕事を終えないといけない。

   ....

3. ショールームに見学者が大勢来ている。

   ....

第10課　商業信函

> **Story** ストーリー
> 製造工場の視察を終えて、北京に戻った伊藤課長は北京福順公司の張社長にお礼の手紙を送った。商品の品質は申し分ないが、包装においては、まだまだ改良の必要があることを綴った。

本文　🎧 26

北京　福顺　公司
Běijīng　Fúshùn　Gōngsī

张　大为　总经理：
Zhāng　Dàwéi　zǒngjīnglǐ:

敬启！
Jìngqǐ!

昨天　对　贵　公司　旗下　上海　工厂　为期
Zuótiān　duì　guì　gōngsī　qíxià　Shànghǎi　Gōngchǎng　wéiqī
两　天　的　参观　圆满　结束，我　已于　昨日　顺利
liǎng　tiān　de　cānguān　yuánmǎn　jiéshù,　wǒ　yǐyú　zuórì　shùnlì
返回　北京。
fǎnhuí　Běijīng.

通过　这次　参观，我　对　贵　公司　有了　更
Tōngguò　zhècì　cānguān,　wǒ　duì　guì　gōngsī　yǒule　gèng
深　的　了解。特别　是　工厂　的　负责人　韩　厂长
shēn　de　liǎojiě.　Tèbié　shì　gōngchǎng　de　fùzérén　Hán　chǎngzhǎng
不厌其烦　地　向　我　详细　地　介绍了　工厂　的
búyàn-qífán　de　xiàng　wǒ　xiángxì　de　jièshàole　gōngchǎng　de
情况，使　我　对　产品　的　生产　工艺　和　品质　管理
qíngkuàng,　shǐ　wǒ　duì　chǎnpǐn　de　shēngchǎn　gōngyì　hé　pǐnzhì　guǎnlǐ
有了　更　多　的　认识。
yǒule　gèng　duō　de　rènshi.

我　觉得　贵　公司　的　产品　质量　非常　不错，
Wǒ　juéde　guì　gōngsī　de　chǎnpǐn　zhìliàng　fēicháng　búcuò,

一定 适合 在 日本 销售。不过 关于 产品 的
包装 方面，今后 还 有 不少 可以 改进 的 地方。
总之，我 将 向 公司 领导 汇报 贵 公司
的 情况，争取 尽快 开始 合作。同时 对 您 和
贵 公司 各 位 同事 热情 而 又 周到 的 款待
再次 表示 衷心 的 感谢！也 欢迎 您 早日 来
日本 访问 我们 总公司。

敬祝

商祺

　　　　　　　　　长京 商事 北京 分公司 市场部
　　　　　　　　　　　　伊藤 雅彦 敬上
　　　　　　　　　　　2015 年 8月 8日

100871
中国北京市海淀区＊＊＊
　张大为　先生　收

邮票

100802　北京市海淀区＊＊＊
　　　　伊藤　雅彦

中国では表面に宛名と差出人の住所・氏名を書きます。

> **日本語訳**

北京福順株式会社
張大為社長
拝啓

　貴社関連会社の上海工場で二日間の視察を終えて、昨日無事に北京に戻りました。この視察を通して、貴社に対してより一層理解が深まりました。特に韓工場長が煩をいとわず工場の詳細を説明してくださり、商品の工程と品質管理についてより深く知ることができました。貴社の商品は品質が非常に優れており、日本での販売に適していると思いますが、商品の包装に関しては今後改善の余地がございます。
　つきましては、貴社の状況を弊社に報告し、できるだけ早く提携を結べるよう努力したい所存です。また、張社長と貴社の皆様の温かいおもてなしに心より感謝すると共に、貴社の皆様が日本にお越しになり、弊社の本社を訪問してくださる日を楽しみにしております。
　末筆ながら社業が更にご発展されますよう心よりお祈り申し上げます。

敬具
長京商事北京支社マーケティング部
伊藤雅彦
2015年8月8日

Word 単語

敬启	jìngqǐ	拝啓
为期	wéiqī	……を期限とする
不厌其烦	búyàn-qífán	嫌気を出さない
适合	shìhé	適合する
销售	xiāoshòu	（商品を）売る
不过	búguò	しかし
改进	gǎijìn	改善する
地方	dìfang	ところ
总之	zǒngzhī	要するに、総じて言えば
汇报	huìbào	報告する
争取	zhēngqǔ	（実現を目指して）努力する
款待	kuǎndài	ねんごろにもてなす
商祺	shāngqí	商売繁盛

文法ポイント

1. 不过

[接続詞] ただし。しかし。

➡ ただし。ただ。前に述べた事柄を部分的に修正する。

⑴ 她不喜欢吃肉，不过牛排可以吃一点。
⑵ 这件衣服好是好，不过没有我的号。

➡ しかし。でも。前に述べた結論に対して別の観点を提起する。"但是"よりもニュアンスが軽い。

⑴ 你可以不管别的事，不过这次考试一定要通过。
⑵ 他是瘦了点，不过体力很不错。

2. 总之

[接続詞] 要するに。とにかく。書き言葉で"总而言之"ともいう。述べたことを総括したり、概括的な結論を表したりする時に用いる。

⑴ 总之，挣钱不容易啊。
⑵ 具体内容记不清了，总之是提倡大家节约成本。
⑶ 有人支持，有人反对，总之，大家都有自己的立场。

 知っ得

🌸 手紙の冒頭語と末尾語

　中国語の手紙やメールは、横書きである。文章は口語体で書き、書式には日本のような定型がない。冒頭語と結びの言葉の対応関係は日本ほど厳密ではなく、冒頭のみ、あるいは結びのみでもかまわない。

　冒頭語：宛て名の一行下に２マス空けて書き始める。

例：您好	敬启（拝啓）
不知近况如何？	その後いかがでしょうか。
新年好	新年おめでとうございます。
春节好	春節おめでとうございます。
圣诞快乐	メリークリスマス

　末尾語：本文のあとに行を改めて、末尾語を入れる。

例：敬祝健康！	ご健康をお祈りします。
祝万事顺利！	万事順調をお祈りします。
即颂夏安！	お元気で（夏の季節に使う結び）
期待您的回信	お返事をお待ちしております
草草　　草々　　　　敬上　　　　敬具　　　　又及　　　　追伸	

練習問題

一 次の（　　）中に適当な単語を入れなさい。

1. 贵公司试用后感想（　　　　）？
   （御社で試用された後の感想はいかがですか。）

2. 改天我们（　　　　）设宴好好儿款待你们。
   （日を改めて必ずご招待いたします。）

3. （　　　　），请提供包含和不包含运费的两份报价。
   （とにかく、運賃を含むと含まないの二通り見積りをください。）

二 下線の部分を入れ替えて読みなさい。

1. 我已于<u>当天</u>（前天 / 昨天 / 今天）晚上顺利返回北京。

2. 通过参观，我对贵公司的<u>硬件设备</u>（产品质量 / 服务态度 / 业务理念）有了更深的了解。

3. 争取尽快开始进<u>合作</u>（销售 / 生产 / 投资）。

66

三　次の単語を並べて、文を完成しなさい。

1. 你们的　感谢　非常　大力　支持
   （あなたたちの強力な支持に感謝します。）

2. 我　古诗　喜欢　是　特别　唐诗　喜欢
   （私は古詩が好きです。特に唐詩が好きです。）

3. 什么　我方　意见　没有
   （こちら側には特別意見がありません。）

四　次の文を中国語に訳しなさい。

1. この点については問題ないと思います。

2. この飲み物はおいしいが、日本人の口には合わないと思う。

3. 店内は広くて清潔です。

第 11 課　价格交涉

> **Story** ストーリー
> 商品のサンプルを見て気に入ったので、早速北京福順公司に注文することにした伊藤課長は、林さんと値段交渉のやりとりをした。大量注文することにより価格を下げてくれるということで同意し、新たな見積書を依頼することに。

本文

🔊 28

林经理 / Lín jīnglǐ：
伊藤　科长，对于　上次　我们　公司　提供
Yīténg　kēzhǎng,　duìyú　shàngcì　wǒmen　gōngsī　tígōng

的　样品，贵　公司　使用　后　感想　如何？
de　yàngpǐn,　guì　gōngsī　shǐyòng　hòu　gǎnxiǎng　rúhé?

伊藤 / Yīténg：
样品　很　不错，不但　品质　好，包装　也
Yàngpǐn　hěn　búcuò,　búdàn　pǐnzhì　hǎo,　bāozhuāng　yě

很　时尚。我们　是　老客户　了，价格
hěn　shíshàng.　Wǒmen　shì　lǎokèhù　le,　jiàgé

能　不　能　再　便宜　一些？
néng　bu　néng　zài　piányi　yìxiē?

林经理：
是　啊，正　因为　您　是　老客户，我们　给
Shì　a,　zhèng　yīnwèi　nín　shì　lǎokèhù,　wǒmen　gěi

您　的　是　最低价。低于　这个　价格　的　话，
nín　de　shì　zuìdījià.　Dīyú　zhège　jiàgé　de　huà,

我们　真　的　要　亏本　了。不过，如果　大批量
wǒmen　zhēn　de　yào　kuīběn　le.　Búguò,　rúguǒ　dàpīliàng

订货，可以　适当　降价，数量　越　多，
dìnghuò,　kěyǐ　shìdàng　jiàngjià,　shùliàng　yuè　duō,

价格　就　越　低。
jiàgé　jiù　yuè　dī.

第 11 課

伊藤: 好,我们 可以 考虑 多 进 一些。那 就
Hǎo, wǒmen kěyǐ kǎolǜ duō jìn yìxiē. Nà jiù

把 数量 增加到 原来 的 两 倍 吧。
bǎ shùliàng zēngjiādào yuánlái de liǎng bèi ba.

林经理: 太 好 了。在 包装 和 交货 地点 等 方面,
Tài hǎo le. Zài bāozhuāng hé jiāohuò dìdiǎn děng fāngmiàn,

我们 一定 尽可能 满足 贵 公司 的 要求。
wǒmen yídìng jǐnkěnéng mǎnzú guì gōngsī de yāoqiú.

伊藤: 好,一言为定。请 拟定 一 份 打折 后 的
Hǎo, yìyán-wéidìng. Qǐng nǐdìng yí fèn dǎzhé hòu de

报价单 发给 我,可以 的 话,我们 就
bàojiàdān fāgěi wǒ, kěyǐ de huà, wǒmen jiù

尽快 商量 合同 条款。
jǐnkuài shāngliang hétong tiáokuǎn.

林经理: 好 的,请 您 多多 关照。改天
Hǎo de, qǐng nín duōduō guānzhào. Gǎitiān

我 一定 设宴 好好儿 感谢 您。
wǒ yídìng shèyàn hǎohāor gǎnxiè nín.

伊藤: 没 问题。期待 我们 合作 愉快!
Méi wèntí. Qīdài wǒmen hézuò yúkuài!

日本語訳

林: 伊藤課長、前回弊社がお渡ししたサンプルの使い勝手はいかがでしょうか。

伊藤: 気に入りました。品質も良く包装もモダンですね。私たちは得意先ですし、もう少しお安くできませんか。

林: そうですね。お得意様なので一番安い価格に設定しています。これより安くすると、元が取れなくなってしまいます。ですが、もし、大量注文をして頂けるのであれば、多少割引ができます。量が多ければ多いほど価格も低くなります。

伊藤: では、多めに仕入れることを考慮します。それならば数量を元々の2倍にしましょう。

林: それはありがとうございます。包装と納品地点などできるだけ御社の希望に沿うようにいたします。

伊藤: わかりました。よろしくお願いいたします。割引後の見積書を私に送って下さいますか。よければ、できるだけ早く契約できるようにいたします。

林: かしこまりました。よろしくお願いいたします。感謝の気持ちを込めて日を改めてお食事にご招待いたしますね。

伊藤: わかりました。今後の協力関係を期待しています。

Word
単語

29

样品	yàngpǐn	サンプル
时尚	shíshàng	時代の流行
老客户	lǎokèhù	取引先、得意先
便宜	piányi	（値段が）安い
亏本	kuīběn	元手をする、損する
大批量	dàpīliàng	大量
订货	dìnghuò	商品を注文する
交货	jiāohuò	納品する

一言为定	yìyán-wéidìng	一度約束した以上は反故にはしない（またはすることができない）
拟定	nǐdìng	制定する
报价单	bàojiàdān	オファーシート、見積書
尽快	jǐnkuài	できるだけ早く
商量	shāngliang	相談する
合同条款	hétong tiáokuǎn	契約条項
改天	gǎitiān	近いうちに、他日

文法ポイント

1. 不但… 也…

"不但…还…"、"不但…而且…" ともいう。「…だけでなく…も」の意で、累加関係を表す。

(1) 小王不但会说日语，也会说英语。
(2) 小王不但会说日语，而且发音还很标准。
(3) 不但小王会说日语，他妹妹也会说（日语）。

2. 越… 越…

"越A越B" は程度においてBはAの増加に伴い増加することを表す。

(1) 那个女孩越长越漂亮了。
(2) 你越解释，我越听不懂。

☞ 越来越…「ますます〜」。程度が時間の推移につれて増していく。主語は一つのみ。

(1) 最近天气越来越暖和了。
(2) 雨越下越大，远处的群山显得越来越模糊了。

買い物の常用表現

中国の市場やスーパーマーケットでは重さで売る方法と個数（包装済みの物）で売る方法があります。どのように売っているのかがわからないときは"怎么卖？"という聞き方が便利です。また、デパートの売り場などで、"八折 bāzhé" と書いてある赤い札を見かけたら、「8割引」と思いがちですが、実際は「8掛け（20%引）」を意味しているので、注意が必要です。

(1) 这种西瓜怎么卖？
　　このスイカはどのように売っていますか。
(2) 这种茶叶多少钱一袋？
　　この茶葉は一袋おいくらですか。
(3) 太贵了，能便宜一点儿吗？
　　高すぎます。少し安くできませんか。
(4) 我多买一斤，打八折行吗？
　　あと500グラム多く買うので、2割引でもいいですか。
(5) 可以试穿一下吗？　　試着してみてもいいですか。
(6) 有没有大一号的？　　一つ大きいサイズはありますか。
(7) 我要送人，麻烦给我包装一下。　　贈り物ですので、お手数ですが包装してください。

練習問題

一 次の（　　）中に適当な単語を入れなさい。

1. （　　　）品种丰富，（　　　）价格适宜。
   （種類が多いだけではなく、価格もお手頃です。）

2. 产品质量（　　　）来（　　　）好了。
   （商品の質がますますよくなりました。）

3. 签不签约，就（　　　）公司怎么决定了。
   （契約するかどうかは、会社の決断によります。）

二 下線の部分を入れ替えて読みなさい。

1. 对不起，我们不能接受这笔交易（这个价位 / 这种包装 / 这种质量）。

2. 如果价格（款式 / 条件 / 数量）合适，我们可以考虑。

3. 目前这种商品是供不应求（供大于求 / 脱销 / 滞销）的。

三 次の単語を並べて、文を完成しなさい。

1. 以后　再谈　条件　其他　吧
  （その他の条件は今度また話し合いましょう。）

  ....

2. 这个　一点儿　不难　都　解决　问题
  （この問題を解決するのは少しも難しくない。）

  ....

3. 绝对　那是　可能　不　的
  （それは絶対ありえません。）

  ....

四 次の文を中国語に訳しなさい。

1. 彼は歌がとても上手なだけではなく、ゴルフも堪能です。

  ....

2. できるだけ早く解決しないといけない。

  ....

3. 中国に来てから、私はますます中国が好きになった。

  ....

第 12 课　处理投诉

Story　ストーリー

商品は期日通りに届いたが、不備があるため、伊藤課長は至急林さんにクレームをつけた。調査した結果、運送中の温度管理が原因であったため、新しい商品と取り換えてもらうことに。今回はそれなりに円満な解決ができたが、伊藤課長の中国での道のりはまだまだ長いようだ。

本文

伊藤：林小姐，昨天贵公司的巧克力到货了。我想跟您谈一下这批巧克力的质量问题。
Yīténg: Lín xiǎojiě, zuótiān guì gōngsī de qiǎokèlì dào huò le. Wǒ xiǎng gēn nín tán yíxià zhè pī qiǎokèlì de zhìliàng wèntí.

林经理：这批巧克力怎么了？
Lín jīnglǐ: Zhè pī qiǎokèlì zěnme le?

伊藤：这批巧克力到货之后，我们发现将近百分之二十的货已经发白变色，与样本的颜色不同。我们拒绝接受这批货。
Zhè pī qiǎokèlì dào huò zhī hòu, wǒmen fāxiàn jiāngjìn bǎi fēnzhī èrshí de huò yǐjing fābái biànsè, yǔ yàngběn de yánsè bù tóng. Wǒmen jùjué jiēshòu zhè pī huò.

林经理：我们的巧克力从来没有发生过这类问题。我们会尽快查清问题的原因。请给我一点儿时间。
Wǒmen de qiǎokèlì cónglái méiyǒu fāshēngguò zhè lèi wèntí. Wǒmen huì jǐnkuài cháqīng wèntí de yuányīn. Qǐng gěi wǒ yìdiǎnr shíjiān.

伊藤：好吧，期待一个圆满的解决方式。
Hǎo ba, qīdài yí ge yuánmǎn de jiějué fāngshì.

（两　天　后）……
（liǎng　tiān　hòu）……

林经理： 伊藤　先生，这次　确实　是　我们　物流
Yīténg　xiānsheng,　zhècì　quèshí　shì　wǒmen　wùliú
部门　的　疏忽，在　运送　过程　中　没有　把
bùmén　de　shūhu,　zài　yùnsòng　guòchéng　zhōng　méiyǒu　bǎ
保管　温度　调节好。出了　这样　的　差错，
bǎoguǎn　wēndù　tiáojiéhǎo.　Chūle　zhèyàng　de　chācuò,
我们　表示　诚挚　的　歉意。我们　会　马上
wǒmen　biǎoshì　chéngzhì　de　qiànyì.　Wǒmen　huì　mǎshàng
寄出　替换　商品，不　知道　是否　会　影响
jìchū　tìhuàn　shāngpǐn,　bù　zhīdào　shìfǒu　huì　yǐngxiǎng
贵　公司　的　销售　计划。
guì　gōngsī　de　xiāoshòu　jìhuà.

伊藤： 好　吧，看　在　我们　长期　合作　的　关系　上，
Hǎo　ba,　kàn　zài　wǒmen　chángqī　hézuò　de　guānxi　shàng,
如果　这次　替换　商品　能　如期　交货，
rúguǒ　zhècì　tìhuàn　shāngpǐn　néng　rúqī　jiāohuò,
我们　就　不　要求　索赔　了。
wǒmen　jiù　bù　yāoqiú　suǒpéi　le.

林经理： 那　真是　太　感谢　了。请　原谅　我们
Nà　zhēnshì　tài　gǎnxiè　le.　Qǐng　yuánliàng　wǒmen
给　贵　公司　带来　的　不便。我们　保证
gěi　guì　gōngsī　dàilái　de　búbiàn.　Wǒmen　bǎozhèng
今后　不　出现　类似　的　情况。
jīnhòu　bù　chūxiàn　lèisì　de　qíngkuàng.

伊藤： 希望　这次　的　事　不会　影响　今后　的　合作。
Xīwàng　zhècì　de　shì　búhuì　yǐngxiǎng　jīnhòu　de　hézuò.

日本語訳

伊藤: 林さん、昨日御社のチョコレートが届きました。チョコレートの品質について相談があるのですが。

林夏雲: どうされましたか。

伊藤: これらのチョコレートは入荷後、品物全体の約20％が白く変色していて、サンプルの色と異なっていることがわかりました。これでは受け付けられません。

林夏雲: 弊社のチョコレートにこのような問題は今まで一度も起きたことがありません。できるだけ早く原因を調べます。少しお時間をください。

伊藤: わかりました。円満な解決方法を期待しています。

（二日後）…………

林夏雲: 伊藤さん、今回は確かに弊社の物流担当の過失にありました。運送中保管の温度をきちんと調節しておらず、このようなミスを起こしてしまいました。誠に申し訳ありません。すぐに差し替えの商品をお送りいたしますが、御社の販売に影響はございませんか。

伊藤: よろしいですよ。長年取引をしていますし、今回差し替えの商品を納入できるのであれば、賠償は要求しないようにしましょう。

林夏雲: 本当に助かりました。弊社の原因で御社に多大なご迷惑をおかけして大変申し訳ございませんでした。今後このようなことがないようにいたします。

伊藤: 今回のことが今後の取引に影響がないようにしたいと思います。

》Word 単語

这类	zhè lèi	この種の
查清	cháqīng	調べて明らかにする
确实	quèshí	確実
疏忽	shūhu	おろそかにする、粗忽である
运送	yùnsòng	運送する
调节	tiáojié	調節する
差错	chācuò	間違い
诚挚	chéngzhì	真摯である
道歉	dàoqiàn	お詫びする
寄出	jìchū	送り出す
替换	tìhuàn	取り替える
是否	shìfǒu…	であるかどうか
计划	jìhuà	計画
看在	kàn zài…	によって決まる
索赔	suǒpéi	賠償請求（をする）
原谅	yuánliàng	許す
类似	lèisì	類似する

第 12 課

文法ポイント

1. 会

「…だろう」、「…するものだ」、未来の可能性、または普段の状態を表す。

(1) 这件事他怎么会知道？
(2) 一到夏天，妈妈就会带孩子们去海边玩儿。
(3) 明天好像不会下雨。

2. 是否

"是否＋動詞（句）/形容詞（句）"、「…であるかどうか」、書き言葉的な用法。同じ意味で、話し言葉や名詞の前には"是不是"を置くことができる。

(1) 今年异常的天气是否会影响农作物的收成？
(2) 这项工程是否继续下去还没有决定。
(3) 我不知道他是不是上海人。

🌸 お土産を渡す / 受け取るときの常用表現

　中国人へお土産や贈答品を贈る際、縁起の悪い言葉と発音が似ている品物は、できる限り避けなければなりません。例えば、中国語では"伞 sǎn"は"散 sàn"に通じ「散る」を意味し、"钟 zhōng"は"终 zhōng"に通じ、「死」を意味することとなります。また、中国人はプレゼントを渡されたら、最初わざと受け取らない素振りを見せることもあるため、再度、やや強気で渡しましょう。

(1) 听说您喜欢日本清酒，这是特地给您带的。
日本酒が好きだと聞いたので、これはあなたのためにお持ちしたものです。

(2) 这是一点儿日本点心，希望您喜欢。
日本のお菓子を持ってまいりました。気に入っていただけると嬉しいです。

(3) 这是我的一点儿小意思，请收下。　　ほんの少しの気持ちだけですが、お受け取りください。

(4) 不知道合不合您的口味，请尝尝。
お口に合うかどうかわかりませんが、どうぞご賞味ください。

(5) 谢谢您上次的盛情款待，这是我的一点儿心意。
先日は真心のおもてなしをありがとうございました。これはほんの気持ちです。

(6) 我下个月回日本探亲，您有什么想带的吗？
来月日本に帰省する予定です。何かほしいものはありませんか。

(7) 您太客气了，真不好意思。　　ご丁寧に、悪いですね。

(8) 谢谢你，那我就收下了。　　ありがとうございます。では頂戴いたします。

練習問題

一 次の（　　　）中に適当な単語を入れなさい。

1. 这次（　　　）我们物流部门的过失。
   （今回は確かに私たちの物流担当の過失にあります。）

2. 我们会（　　　）寄出替换的产品的。
   （なるべく早く代わりの商品を発送いたします。）

3. （　　　）会影响到我们今后的业务?
   （今後のビジネスに影響をおよぼすでしょうか。）

二 下線の部分を入れ替えて読みなさい。

1. 昨天贵公司的<u>巧克力</u>（奶糖 / 方便面 / 凉茶）到货了。

2. 期待着一个圆满的<u>解决方式</u>（结果 / 大结局 / 结尾）。

3. 与样品的<u>颜色</u>（款式 / 规格 / 包装）不一样。

三 次の単語を並べて、文を完成しなさい。

1. 我们 （要求　退货　强烈）
   （私たちは返品を強く求めます。）

2. 我们 （作出　努力　将　今后　最大的）
   （今後私たちは最大の努力をします。）

3. 我 （抱歉　非常　这样的　事情　发生了）
   （このような出来事をたいへん遺憾に思います。）

四 次の文を中国語に訳しなさい。

1. このような提案は、みんな賛成しないでしょう。

2. 商品がまだ届きません、どういうことですか。

3. この店の料理がおいしいかどうかは、インターネットで調べればいい。

著　者
山田留里子
賀南
于梅
長野由季

ストーリーで学ぶビジネス中国語　〈CD付〉

2016. 4. 1　初版発行
2017. 3. 1　初版2刷発行

発行者　井　田　洋　二

発行所　〒101-0062　東京都千代田区神田駿河台3の7
　　　　電話　東京03（3291）1676　FAX 03（3291）1675
　　　　振替　00190-3-56669番
　　　　E-mail：edit@e-surugadai.com
　　　　URL：http://www.e-surugadai.com

株式会社　駿河台出版社

組版・印刷・製本／フォレスト

ISBN 978-4-411-03103-7 C1087　¥2200E